Schnitzel

VARIATIONEN

Impressum

Genehmigte Ausgabe
Bellavista ist ein Imprint
des Karl Müller Verlages
Silag Media AG
Liebigstr. 1-9
40764 Langenfeld

Rezeptverzeichnis

Vorwort

Sehr verehrte Leserin, sehr verehrter Leser,

wer gerne gut isst, Freude daran hat Gäste mit gelungenen Speisen zu verwöhnen und schon die Zubereitung als Kocherlebnis empfindet – der wird diese Sammlung mit gekonnt zusammengestellten und mehrfach erprobten Rezepten immer wieder gerne zur Hand nehmen.

Dieser Ratgeber, der Teil einer umfangreichen Reihe weiterer Themen ist, vermittelt das Know-how, mit dem Ihnen garantiert alles gelingt. Selbst alltägliche Gerichte werden raffinierter. Ihre persönliche Rezeptsammlung wächst, und die neu gewonnenen Kochkünste werden Ihre Gäste begeistern. Geselliges Beisammensein mit der Familie, mit Freunden und Bekannten gehört zu einem ausgefüllten Leben dazu. Gemeinsames Kochen, Backen oder Grillen hat sich längst zu einer beliebten Freizeitbeschäftigung entwickelt.

Die Titel-Überschrift „lecker und einfach" übermittelt die Botschaft, dass die Zubereitung raffinierter Gerichte auch nicht sehr aufwändig sein muss: Fachgeschäfte, Supermärkte und die Tiefkühltheke Ihres Discounters bieten heutzutage eine reiche Auswahl an Produkten und Zutaten an, die jede der beschriebenen Rezeptvariationen möglich macht. Und dabei müssen wir auch gar nicht einmal tief in die Tasche greifen, um uns diesen Luxus und das Erlebnis des eigenen Kochvergnügens leisten zu können.
Mit dieser Rezeptsammlung haben wir einen Ratgeber geschaffen, der alle Informationen und Tipps bietet, um das Kochvergnügen – mit garantiertem Erfolg – in vollen Zügen genießen zu können.

Viel Spaß dabei und einen guten Appetit.

Herzlichst Ihr

S. Lapawa

Siegfried Lapawa
Verleger Karl Müller Verlag

Putenschnitzel auf buntem Salat

- 1 Putenschnitzel, 200 g
- Salz
- frisch gemahlener Pfeffer
- 1/2 EL Butterschmalz
- 1/4 Kopf Eisbergsalat
- 1/2 Kopf Eichblattsalat
- 1 Orange
- 1/2 rosa Grapefruit
- 100 g leichte Salatmayonnaise
- 2 EL saure Sahne
- Saft von 1/2 Zitrone
- 1 TL Currypulver
- Zucker
- 1 EL Weinessig
- 1 EL Pinienkerne

Pro Portion ca. 560 kcal / 2340 kJ

1 Das Putenschnitzel mit Salz und Pfeffer auf beiden Seiten würzen. Das Butterschmalz in einer Pfanne erhitzen, das Schnitzel darin auf jeder Seite 4 Minuten bei mittlerer Hitze braten. Aus der Pfanne heben, abkühlen lassen und in schmale Streifen schneiden.

2 Den Eisbergsalat in ca. 1 cm breite Streifen schneiden. Den Eichblattsalat verlesen und putzen. Beides gründlich waschen und trockenschütteln.

3 Die Orange und die Grapefruit schälen, dabei sorgfältig auch die weiße Haut entfernen, vierteln und in dünne Scheiben schneiden. Alle Zutaten in eine Schüssel geben.

4 Für die Salatsauce Mayonnaise, saure Sahne und den Zitronensaft mit dem Schneebesen verrühren. Mit Curry, Salz, Pfeffer, Zucker und Essig abschmecken. Über den Salat gießen und vorsichtig untermischen. Die Pinienkerne in einer trockenen, heißen Pfanne anrösten und über den Salat streuen. Sofort servieren.

Schnitzel von der Kalbsleber

4 Portionen

150 g Zuckerschoten
Salz
1/2 Kopf Friséesalat
1 Schalotte
frisch gemahlener schwarzer Pfeffer
1 EL Weißweinessig
1 EL Zitronensaft
4 EL Traubenkernöl oder anderes kalt gepresstes Keimöl
250 g Kalbsleber
2 EL Ölf

Pro Portion ca. 210 kcal / 880 kJ

1 Die Zuckerschoten waschen und putzen. In wenig Salzwasser 3 Minuten dünsten. In Eiswasser legen, dann gut abtropfen lassen.

2 Den Friséesalat putzen, waschen, trocken schütteln und zerzupfen. Mit den Zuckerschoten auf 4 Tellern anrichten.

3 Die Schalotte abziehen und winzig klein würfeln. Mit Salz, Pfeffer, Essig und Zitronensaft verrühren, dann das Salatöl unterschlagen. Über den Salat träufeln.

4 Die Leber waschen, abtrocknen, häuten und in 1/2 cm breite Streifen schneiden. Mit Pfeffer würzen.

5 Das Öl in einer Pfanne erhitzen, die Leberstreifen darin 1 bis 2 Minuten sautieren, salzen und auf den Salat legen. Zum Schluss noch Pfeffer direkt aus der Mühle darüber mahlen.

Versuchen Sie statt Kalbsleber einmal die Lebern von Spanferkel oder Lamm. Sie sind sehr gut und kleiner, was für Salate praktischer ist.

Österreichisches „Butterschnitzel"

für den Salat:
1 kg Salatkartoffeln, Salz
200 ml heiße Fleischbrühe
4 Eßlöffel Weinessig, 1 Prise Zucker
2 Teelöffel scharfer Senf
frisch gemahlener Pfeffer
2 Eßlöffel Öl, 2 kleine Zwiebeln
1 Salatgurke, 1 Bund Schnittlauch

für die Butterschnitzel:
1 Bund glatte Petersilie
600 g Hackfleisch vom Kalb
4 Eßlöffel Semmelbrösel
2 Eier, Salz, 80 g Butter
frisch gemahlener weißer Pfeffer
1 Messerspitze geriebene Muskatnuß

Pro Portion ca. 730 kcal / 3360 kJ

1 Die Kartoffeln waschen und in Salzwasser ca. 30 Minuten gar koche- Abgießen, mit kaltem Wasser abschrecken und schälen. Anschließend die Kartoffeln in gleichmäßig dünne Scheiben schneiden und in eine Salatschüssel geben. Aus der heißen Fleischbrühe, Essig, Senf, Zucker, Salz, Pfeffer und Öl eine Marinade zubereiten und über die Kartoffelscheiben gießen.

2 Die Zwiebeln abziehen und fein hacken. Vorsichtig unter den Salat mischen. Zugedeckt mindestens 1 Stunde durchziehen lassen. Anschließend noch einmal abschmecken. Die Gurke waschen. Mit dem Gurkenhobel in dünnen Scheiben zum Salat hobeln und untermischen.

3 Den Schnittlauch waschen, trockentupfen und in feine Röllchen schneiden. Vor dem Servieren über den Salat streuen, etwas Pfeffer aus der Mühle darüber mahlen.

4 Die Petersilie waschen, trockenschütteln und fein hacken.
In einer Schüssel das Hackfleisch mit den Semmelbröseln, den Eiern, Petersilie, Salz, Pfeffer und Muskatnuß zu einem geschmeidigen Teig verkneten. Mit nassen Händen 4 große Hacksteaks formen und nicht zu flach drücken.

5 Die Butter in einer Pfanne zerlassen. Die Hacksteaks darin auf jeder Seite bei kleiner Hitze 7 Minuten braten.

Griechisches Schnitzel vom Lamm

4 Portionen
2 große Zwiebeln
2 Knoblauchzehen
700 g Lammhackfleisch
2 Eier, Salz
4 EL Semmelbrösel
50 g schwarze Oliven ohne Stein
100 g Schafskäse
frisch gemahlener Pfeffer
1 Messerspitze Cayennepfeffer
1 TL Majoran
1 TL Paprikapulver, edelsüß
2 Bund Frühlingszwiebeln
2 EL gesalzene Butter, 2 EL Öl
1 Zitrone

Pro Portion ca. 740 kcal / 3110 kJ

1 Die Zwiebeln und die Knoblauchzehen abziehen und grob hacken. In einer Schüssel das Lammhackfleisch mit den Eiern, den Semmelbröseln, den Zwiebeln und dem Knoblauch gut verkneten.

2 Die Oliven hacken und zu dem Fleischteig geben. Den Schafskäse dazubröckeln. Kräftig mit Salz, Pfeffer, Cayennepfeffer, dem Majoran und dem Paprika würzen und alles gut vermischen.

3 Die Frühlingszwiebeln putzen und waschen. In einer tiefen Pfanne die Butter zerlassen und die tropfnassen Frühlingszwiebeln darin bei mittlerer Hitze zugedeckt 10 Minuten dünsten. Eventuell etwas Wasser nachgießen.

4 Das Olivenöl in einer Pfanne erhitzen. Die Lammschnitzel auf jeder Seite etwa 5 Minuten braten, herausheben und auf Küchenpapier abtropfen lassen. Die Zitrone in 8 Spalten schneiden.

5 Die Schnitzel mit Frühlingszwiebeln und Zitronenspalten anrichten.

Schnitzel vom würzigen Hackbraten

2 Zwiebeln
3 Knoblauchzehen
1 großer Bund glatte Petersilie
2 Eßlöffel Butter
1 kg gemischtes Hackfleisch
3 Eier
3 Eßlöffel Semmelbrösel
2 Teelöffel Senf
2 Teelöffel Tomatenketchup
1 Teelöffel Sojasauce
je ½ Teelöffel geriebene Zitronenschale, Chilipulver, getrockneter Thymian und Oregano, Salz
frisch gemahlener schwarzer Pfeffer
Butter zum Einfetten

Pro Portion ca. 650 kcal / 2740kJ

1 Die Zwiebeln und die Knoblauchzehen abziehen und fein hacken. Petersilie waschen, trockenschleudern, die Blättchen abzupfen und ebenfalls sehr fein hacken. Alles in der zerlassenen Butter glasig dünsten.

2 Das Hackfleisch mit den gedünsteten Zutaten, den Eiern, den Semmelbröseln und allen Gewürzen vermischen und mit den Händen gründlich durchkneten.

3 Die Fleischmasse in eine gefettete Kastenform geben und etwas ruhen lassen.

4 Im vorgeheizten Ofen bei 180 Grad etwa 50 Minuten braten. Herausnehmen und auf eine Platte geben.

Schnitzel aus der Perlhuhnbrust

4 Portionen
200 g Wildkräuter, z. B. Löwenzahn, Spitzwegerich, Giersch, Brennnessel, Sauerampfer, Pimpernelle, Brunnenkresse und einige Gänseblümchenblüten zum Garnieren, Salz
1 EL Himbeer- oder Sherryessig
frisch gemahlener weißer Pfeffer
1 EL Walnussöl, 2 EL Traubenkernöl
4 Perlhuhnbrüstchen, je etwa 100 g
2 EL Pflanzenöl zum Braten
1 Bund glatte Petersilie
1 Handvoll Bärlauchblätter
60 g weiche Butter
2 EL Semmelbrösel

Pro Portion ca. 440 kcal / 1820 kJ

1 Die Wildkräuter verlesen, waschen und trockenschütteln. In mundgerechte Stücke zupfen und ebenfalls beiseite stellen.

2 Für die Marinade Essig, Salz und Pfeffer verquirlen, dann Walnuss- und Traubenkernöl kräftig unterschlagen, ebenfalls beiseite stellen.

3 Die Perlhuhnbrüstchen waschen, häuten und trockentupfen. Leicht salzen und pfeffern. In einer beschichteten Pfanne 2 Esslöffel Öl erhitzen und die Brüstchen bei mittlerer Hitze auf beiden Seiten insgesamt 6 Minuten braten.

4 Den Backofen auf 250°C vorheizen. Die Kräuter waschen, trockentupfen und die Blätter sehr fein hacken. Mit der weichen Butter und den Semmelbröseln verrühren und mit Salz abschmecken.

5 Die gebratenen Perlhuhnbrüstchen mit Küchenpapier abtupfen und auf einen ofenfesten Teller legen. Auf jedes Brustfilet eine dicke Schicht Kräutermischung drücken und den Teller auf die 2. Schiene von oben in den vorgeheizten Backofen stellen. Die Brüstchen 8 Minuten überbacken. Dann aus dem Ofen nehmen und schräg in fingerdicke Scheiben aufschneiden.

6 Den Salat in der Marinade wenden, auf die Teller verteilen und mit Gänseblümchen garnieren. Die Brüstchen gefächert dazu legen.

Schnitzel aus der Entenbrust

4 Portionen
600 g Entenbrustfilet
Salz
frisch gemahlener schwarzer Pfeffer
etwas Ingwerpulver
3 EL Öl,
1/4 l trockener Rotwein

Pro Portion ca. 940 kcal / 3940 kJ

1 Die Entenbrust waschen, abtrocknen und rundherum mit Salz, Pfeffer und Ingwer einreiben. Die Fettschicht mit einer Nadel mehrmals einstechen.

2 Das Öl in einer Pfanne (die in den heißen Ofen gestellt werden kann) erhitzen, die Entenbrust darin etwa 5 Minuten auf der Hautseite anbraten.

3 So wenden, dass die Hautseite nach oben zeigt. In den auf 160°C vorgeheizten Backofen stellen und etwa 10 Minuten braten.

4 Die Entenbrust auf einen hitzebeständigen Teller legen und im ausgeschalteten Ofen noch etwa 10 Minuten ruhen lassen.

5 Inzwischen den Bratenfond in der Pfanne mit Rotwein ablöschen und auf dem Herd kräftig durchkochen. Die Hitze reduzieren und die Butter in kleinen Flöckchen mit einem Schneebesen unterschlagen. Mit Salz und Pfeffer abschmecken.

Die Entenbrust schräg in etwa 1 cm dicke Scheiben schneiden und mit der Sauce servieren.

Lammkoteletts, provenzalisch

4 Portionen
12 Lammkoteletts
1 EL frische Rosmarinnadeln
2 Knoblauchzehen
4 EL Olivenöl
Salz
frisch gemahlener schwarzer Pfeffer

Pro Portion ca. 480 kcal / 2000 kJ

1 Von den Lammkoteletts Haut und Fett weitgehend abschneiden. Den Rosmarin grob hacken. Den Knoblauch abziehen und pressen. Rosmarin, Knoblauch und 2 Esslöffel Olivenöl mit Salz und Pfeffer verrühren. Die Lammkoteletts damit einreiben.

2 Den Grillrost gut ölen und die Lammkoteletts bei mittlerer Hitze auf jeder Seite 2–3 Minuten grillen, je nachdem wie rosig das Fleisch bleiben soll.

Die Lammkoteletts mit Ratatouille servieren. Dazu passt Kartoffelgratin.

Gratiniertes Schweineschnitzel

2 Portionen
300 g Schweinefleisch am Stück
2 EL Öl
Salz
Cayennepfeffer
1/2 EL frische Rosmarinnadeln
6 schwarze Oliven ohne Stein
6 Kapernäpfel
4 Cocktailtomaten
120 g Gorgonzola
frisch gemahlener schwarzer Pfeffer

Pro Portion ca. 530 kcal / 2230 kJ

1 Das Schweinefleisch waschen, trockentupfen und parieren (alle Häute abschneiden).

2 Das Fleisch in möglichst dünne Scheiben schneiden und jede Scheibe mit dem Fleischklopfer oder einem großen schweren Messer platt drücken. 2 feuerfeste Teller mit etwas Öl bestreichen und die Filetscheiben darauf auslegen. Die Oberfläche des Fleisches mit Öl bestreichen und mit Salz und Cayennepfeffer würzen.

3 Die Rosmarinnadeln fein hacken und über das Fleisch streuen. Die Oliven vierteln, die Kapernäpfel der Länge nach halbieren und die Cocktailtomaten vierteln. Alles über die Scheiben verteilen. Den Gorgonzola in nicht zu kleine Würfel schneiden und auf das Fleisch setzen. Die Portionen mit frisch gemahlenem Pfeffer bestreuen.

4 Die Teller auf den kalten Rost setzen und in die 2. Schiene von oben in den vorgeheizten Backofen schieben. Bei 275 °C und Umluft 5 Minuten backen. Sofort servieren.

Gebratene Lachsschnitzel

4 Portionen

4 Fenchelknollen
4 Lachskoteletts, à 150 g
Salz
frisch gemahlener weißer Pfeffer
4 EL Öl
4 EL Butter
1 EL gekörnte Brühe
Saft von 1 Zitrone

Pro Portion ca. 590 kcal / 2450 kJ

1 Die Fenchelknollen putzen, waschen und senkrecht in fingerdicke Scheiben schneiden.

2 Die Lachskoteletts waschen, mit Küchenpapier trockentupfen, schwach salzen und pfeffern.

3 In zwei großen Pfannen - für den Lachs am besten eine beschichtete Pfanne - je 2 Esslöffel Öl und Butter aufschäumen lassen. Die Fenchelscheiben in einer Pfanne bei guter Mittelhitze braun anbraten. Die Lachskoteletts in der zweiten Pfanne bei schwacher Hitze 4 Minuten braten, dann wenden.

4 Die gekörnte Brühe über den rundum angebratenen Fenchel streuen und 200 ml heißes Wasser angießen. Den Fenchel weiterhin bei guter Mittelhitze garen, wobei die Brühe einkocht.

5 Fenchel und Lachs insgesamt etwa 10 Minuten braten. Kurz vor Ende der Garzeit etwas Zitronensaft über den Fisch und das Gemüse träufeln. Der Lachs ist gar, wenn das Fleisch an der Mittelgräte durch und durch blass und fest ist.

Jedes Lachskotelett auf dem Fenchelgemüse portionsweise anrichten. Dazu Baguette reichen oder Salzkartoffeln und etwas flüssige Butter.

Schnitzel vom Goldbarschfiltet

Schnitzel vom Goldbarschfiltet

Portionen
4 Goldbarschfilets
Salz, Saft von 1 Zitrone
Mehl zum Wenden
2 EL Butterschmalz
Sauce
500 g frische Champignons
2 Schalotten oder 1 kleine
Zwiebel
2 EL Butter
1 EL Mehl
100 ml Weißwein
250 g Schlagsahne
frisch gemahlener weißer Pfeffer
1 Bund glatte Petersilie

Pro Portion ca. 540 kcal / 2280 kJ

1 Die Fischfilets waschen, trockentupfen, salzen und mit Zitronensaft beträufeln. Den Fisch ruhen lassen, während die Sauce zubereitet wird. Vor dem Braten die Fischfilets abtropfen lassen, in Mehl wenden und überschüssiges Mehl abklopfen. In 1 großen oder in 2 Pfannen das Butterschmalz erhitzen, die Fischfilets einlegen und bei mittlerer Hitze auf beiden Seiten insgesamt 8 Minuten braten.

2 Nach 3 Minuten wenden und eventuell noch etwas Fett nachgeben. Für die Sauce die Champignons waschen, putzen und in nicht zu dünne Scheiben schneiden. Die Schalotten abziehen und sehr fein hacken.

3 Die Butter in einer Stielkasserolle zerlassen und die Champignons darin bei starker Hitze wenden. Wenn die Pilze etwas geschrumpft sind, die Schalotten zugeben und mitdünsten. Schwach salzen. 1 Eßlöffel Mehl über die Pilze stäuben und den Weißwein angießen. Wenn das Mehl gebunden hat, die Schlagsahne zu gießen. Salzen, pfeffern und die Sauce bei mittlerer Hitze sämig einkochen lassen.

4 Die Petersilie waschen, trockenschütteln und die Blätter fein hacken. Die Sauce mit einigen Tropfen Zitronensaft, Salz und Pfeffer abschmecken und die Petersilie einrühren. Die gebratenen Goldbarschfilets mit der Champignonsauce servieren.

Dazu passen Brunnenkresse und kleine Salzkartoffeln.

Kalbsschnitzel mit Kartoffelkruste

Sahnesauce
1 Schalotte
1 TL Butter
100 ml Weißwein
100 ml Kalbsfond
100 g Schlagsahne
Salz
frisch gemahlener weißer Pfeffer
1 EL Sherry
250 g Kartoffeln
1 Eigelb
schwarze Trüffel, ca. 30 g
400 g Kalbsfilet aus der Mitte
2 EL Öl
1 EL Butter

Pro Portion ca. 650 kcal / 2730 kJ

1 Die Schalotte abziehen und sehr fein hacken. Die Butter in einem Topf zerlassen und die Schalotte darin glasig dünsten. Mit Weißwein ablöschen und den Wein bei starker Hitze etwas einkochen lassen. Dann den Kalbsfond und die Schlagsahne angießen und die Sauce bei mittlerer Hitze um 1/3 einkochen. Mit Salz und Pfeffer würzen und mit Sherry abschmecken. Zum Servieren die Sauce durch ein Sieb streichen.

2 Die Kartoffeln schälen, waschen und fein reiben. Die Masse in einem Küchentuch ausdrücken, dann leicht salzen und pfeffern und mit dem verquirlten Eigelb binden. Die Trüffel eventuell trocken bürsten und abwischen. Das Kalbsfilet parieren (Haut und Sehnen wegschneiden), trockentupfen und in 6 gleichmäßige Scheiben schneiden. Das Fleisch leicht salzen und pfeffern.

3 1 Esslöffel Öl in einer Pfanne erhitzen. Mit dem 2. Esslöffel Öl ein Backblech ausstreichen und den Grill im Backofen vorheizen. Die Kalbsfiletscheiben nur von einer Seite und nur einen Augenblick in der Pfanne anbraten. Sofort wieder herausheben und mit der gebratenen Seite nach unten auf das Backblech legen. Die Trüffel fein hobeln und je 2 Pilzscheiben auf 1 Filetstück legen. Darüber eine dünne Schicht Kartoffelmasse geben und mit Butterflöckchen besetzen. Das Blech auf der mittleren Schiene unter den vorgeheizten Grill im Backofen schieben und etwa 10 Minuten überbacken, bis die Kartoffelkruste gebräunt und gegart ist.

4 Die Sauce auf 2 vorgewärmte Teller verteilen, je 3 Kalbsfilets darauf setzen und die restliche Trüffel darüber hobeln. Sofort servieren. Dazu passen in Butter geschwenkte feine Gemüse, wie Möhren, Keniabohnen, Spargel oder Zuckerschoten.

Saltimbocca

4 kleine dünne Kalbsschnitzel, je etwa 75 g
4 kleine Scheiben roher Schinken
einige frische Salbeiblätter
2 EL Mehl
Salz
frisch gemahlener weißer Pfeffer
50 g Butter
75 ml Marsala oder nicht zu trockener Weißwein

Pro Portion ca. 690 kcal / 2900 kJ

1 Die Schnitzel abtupfen, klopfen und jeweils mit 1 dünnen Schinkenscheibe und 2 Salbeiblättern belegen. Mit Holzspießchen zustecken. Das Mehl auf einen Teller geben und mit Salz und Pfeffer würzen. Die Schnitzel darin wenden.

2 Die Butter in einer Pfanne nicht zu stark erhitzen und die Schnitzel darin von jeder Seite 1 bis 2 Minuten braten. Herausnehmen und warm halten.

3 Marsala in die Pfanne gießen, den Bratenfond lösen, die Sauce kurz durchkochen, abschmecken und zu den Schnitzeln servieren. Mit frischem Salbei garnieren.

Wiener Schnitzel

2 Kalbsschnitzel, je etwa 150 g	2 EL Mehl
frisch gemahlener schwarzer Pfeffer	60 g Semmelbrösel
1 großes Ei	Butterschmalz zum Braten
Salz	Zitrone und Petersilie zum Anrichten

Pro Portion ca. 600 kcal / 2500 kJ

1 Die Schnitzel abtupfen und klopfen, dadurch werden sie noch mürber. Rundherum pfeffern. Das Ei verquirlen und salzen. Die Schnitzel zuerst in Mehl, dann im Ei und zuletzt sorgfältig in den Semmelbröseln wenden.

2 Reichlich Butterschmalz in einer Pfanne erhitzen, die Schnitzel darin bei mittlerer Hitze von jeder Seite etwa 5 Minuten goldbraun braten.

3 Mit Zitrone und Petersilie garniert servieren.

Paprikaschnitzel

1 kleine rote Paprikaschote	Salz
1 Tomate	2 EL Öl
1 Zwiebel	frisch gemahlener Pfeffer
1 Knoblauchzehe	Paprikapulver, edelsüß
2 Schweineschnitzel, je 150 g	6 EL Fleischbrühe
2 EL Mehl	2 EL Schmand

Pro Portion ca. 320 kcal / 1360 kJ

1 Die Paprikaschote waschen, halbieren, entkernen und in feine Streifen schneiden. Die Tomate waagrecht halbieren, die Kerne herausdrücken und die Tomatenhälften in dünne Streifen schneiden. Die Zwiebel und die Knoblauchzehe abziehen und fein hacken.

2 Die Schnitzel waschen, abtupfen und klopfen. In gesalzenem Mehl wenden.

3 Das Öl in einer weiten Pfanne erhitzen, die Schnitzel hineinlegen und auf jeder Seite etwa 5 Minuten braten. Dann mit Pfeffer und Paprikapulver würzen, aus der Pfanne heben und warm stellen.

4 Die Paprikaschote, die Zwiebel und den Knoblauch im Bratfett unter Rühren anbraten. Die Fleischbrühe angießen und das Gemüse zugedeckt 5 Minuten dünsten.

5 Die Tomatenstreifen unter das Gemüse mischen und weitere 5 Minuten garen. Anschließend den Schmand unterrühren und die Sauce mit Salz, Pfeffer und Paprikapulver abschmecken. Die Sauce über die Schnitzel geben und sofort servieren.

Naturschnitzel in etwas gesalzenem Mehl wenden, damit es eine schöne Farbe bekommt.

Kalbskotelett

2 Kalbskoteletts, 2 cm dick
Salz
frisch gemahlener Pfeffer
2 EL Öl
2 frische Steinpilze
50 g Frühstücksspeck
1 Schalotte
1 Knoblauchzehe
2 Stängel frisches Basilikum
50 ml Weißwein

Pro Portion ca. 440 kcal / 1860 kJ

1 Die Kalbskoteletts kurz unter kaltem Wasser abspülen, trockentupfen, zwischen Fleisch und Knochen einritzen und die Speckschicht einkerben. Die Koteletts auf beiden Seiten mit Salz, Pfeffer und Öl einreiben und kurz durchziehen lassen.

2 Inzwischen die Steinpilze putzen und würfeln. Den Frühstücksspeck in schmale Streifen schneiden. Die Schalotte und die Knoblauchzehe abziehen und fein hacken. Das Basilikum waschen, trockentupfen und die Blätter in Streifen schneiden.

3 Das restliche Öl in einer Eisenpfanne erhitzen und die Kalbskoteletts darin auf beiden Seiten je 6 Minuten goldbraun braten. Die Koteletts herausheben und warm stellen.

4 Den Frühstücksspeck in die Pfanne geben und auslassen. Schalotte und Knoblauch zufügen und glasig dünsten. Die Steinpilze zugeben und kurz anbraten. Mit dem Weißwein ablöschen, das Basilikum unterrühren und mit Salz und Pfeffer würzen. Bei kleiner Hitze unter Rühren so lange schmoren, bis die Flüssigkeit fast eingekocht ist.

5 Die Kalbskoteletts auf vorgewärmten Tellern anrichten, das Steinpilzgemüse darüber verteilen und sofort servieren.

Dazu passen Bratkartoffeln aus rohen Kartoffelwürfeln.
Bei dicken Koteletts einen kleinen Einschnitt am Knochen entlang machen, damit das Fleisch auch hier durchbrät.

Schweinekotelett

2 Schweinekoteletts
Salz
frisch gemahlener Pfeffer
1 EL Butterschmalz
1/2 TL getrockneter Majoran
1/8 l dunkles Bier
1 TL Johannisbeergelee
1 großer Apfel
1 EL Butter
Saft von 1/2 Zitrone
1 Messerspitze Ingwerpulver

Pro Portion ca. 635 kcal / 266 kJ

1 Die Schweinekoteletts waschen, trockentupfen, auf beiden Seiten zwischen Fleisch und Knochen einritzen und die Speckschicht einkerben. Das Fleisch mit Salz und Pfeffer einreiben.

2 Das Butterschmalz in einer Pfanne erhitzen und die Koteletts scharf anbraten. Die Hälfte des Majorans darüber streuen, die Koteletts wenden, den restlichen Majoran aufstreuen und die Hitze reduzieren. Die Koteletts insgesamt 10 Minuten bei mittlerer Hitze braten, dann aus der Pfanne heben und warm halten. Den Bratensatz mit Bier löschen, das Johannisbeergelee einrühren und die Sauce kurz durchkochen.

3 Inzwischen den Apfel waschen, das Kerngehäuse ausstechen und den Apfel in 6 Scheiben schneiden. Die Butter in einer 2. Pfanne zerlassen und die Apfelscheiben darin auf beiden Seiten andünsten. Mit Zitronensaft beträufeln, mit Ingwerpulver bestäuben und bei schwacher Hitze weitere 5 Minuten dünsten.

Die Koteletts vor dem Servieren in der Sauce wenden, dann auf den Apfelscheiben anrichten und mit der Sauce überziehen.

Gebratene Lammkoteletts

4 Lammrückenscheiben oder 8 Koteletts	Salz
1 Knoblauchzehe	frisch gemahlener schwarzer Pfeffer
1 TL Rosmarinnadeln	2 gekochte Maiskolben aus der Dose
1/2 TL getrockneter Thymian	6 Frühlingszwiebeln
5 EL Olivenöl	

Pro Portion ca. 680 kcal / 2840 kJ

1 Das Fleisch waschen und trockentupfen. Die Fettschicht mehrfach einkerben. Man kann Fett und Haut auch vor dem Braten entfernen.

2 Den Knoblauch abziehen und pressen, den Rosmarin fein hacken und beide mit Thymian, 1 Esslöffel Öl, Salz und Pfeffer verrühren. Die Lammkoteletts damit rundherum einreiben.

3 Die abgetropften Maiskolben in 2 cm breite Scheiben schneiden. Die Frühlingszwiebeln putzen, waschen und der Länge nach halbieren.

4 Je 2 Esslöffel Olivenöl in einer Grillpfanne und in einer 2. Pfanne erhitzen. Die Lammkoteletts in der Grillpfanne bei mittlerer Hitze auf jeder Seite 3 Minuten braten. In der 2. Pfanne den Mais bei guter Mittelhitze braten, leicht salzen und pfeffern. Zuletzt die Frühlingszwiebeln für 1 bis 2 Minuten mit in die Pfanne geben.

5 Die Lammkoteletts mit Mais und Zwiebeln anrichten. Dazu passt kalte grüne Sauce oder Ailloli, Rezepte siehe Seite 126. Statt Salat ist Brunnenkresse eine schnelle und leckere Beilage. Blüten von Kapuzinerkresse sind das Tüpfelchen auf dem „i“.

Schnitzel vom pochiertem Rinderfilet

- 2 Stängel Staudensellerie
- 1 Möhre
- 1 Bund Frühlingszwiebeln
- 2 kleine Zucchini
- 150 g Brokkoliröschen, tiefgekühlt
- 50 g Zuckerschoten, tiefgekühlt
- 300 g Rinderfilet
- 800 ml Rinderbrühe
- Salz
- frisch gemahlener schwarzer Pfeffer

Pro Portion ca. 240 kcal / 1030 kJ

1 Alle frischen Gemüse waschen, putzen und klein schneiden. Das Filet parieren und in möglichst dünne, etwa 4 mm starke Scheiben schneiden.

2 Die Brühe aufkochen, alles Gemüse hineingeben und 4 Minuten kochen lassen. Die Filetscheiben auf einem Dämpfeinsatz ausbreiten, salzen, pfeffern und in die Brühe tauchen. Die Hitze abschalten, das Fleisch 1 bis 3 Minuten pochieren (je nach Stärke der Fleischscheiben und danach, wie rosa man das Fleisch wünscht).

3 Fleisch und Gemüse gut abtropfen lassen und anrichten.

Als Beilage passen Salzkartoffeln und Ei-Meerrettich-Creme. Die Brühe vom Pochieren kann in Tassen dazu gereicht werden oder ist Basis für eine Suppe am nächsten Tag.

Überbackenes Hühnerschnitzel

2 Hühnerbrustfilets ohne Haut Salz
frisch gemahlener weißer Pfeffer
2 EL Öl
10 g Butter und Butter für die Form
1 kleine Aubergine
1 Knoblauchzehe
1 große Strauchtomate
1/2 TL getrockneter Oregano
4 Scheiben Bergkäse (Fontina, junger Pecorino oder Gouda), je 20 g

Pro Portion ca. 590 kcal / 2450 kJ

1 Die Hühnerbrüste waschen, trockentupfen und diagonal halbieren. Mit Salz und Pfeffer würzen.

2 1 Esslöffel Öl und die Butter in einer Pfanne erhitzen und die Bruststücke darin anbraten. Herausnehmen und in eine gebutterte Auflaufform legen.

3 Die Aubergine waschen, trockentupfen und quer 4 dicke Scheiben abschneiden. Das restliche Öl in der Pfanne erhitzen und die Auberginenscheiben darin braten. Inzwischen den Knoblauch abziehen und dazu pressen. Mit Salz und Pfeffer würzen. Die Auberginenscheiben auf die Hühnerbruststücke legen.

4 Die Tomate waschen, trockentupfen, in 4 Scheiben schneiden und auf die Auberginen legen.

5 Den Backofen auf 200°C vorheizen.

6 Das Gericht mit Oregano bestreuen und mit Käsescheiben belegen. Im heißen Backofen ca. 15 Minuten bei Oberhitze fertig backen. Eventuell zuletzt zusätzlich den Grill zum Gratinieren einsetzen.

Baguette und ein kräftiger Weißwein sind die richtigen Begleiter für dieses Gericht.

nicht gut

Jägerschnitzel

4 Portionen	80 g Butter
4 Kalbsschnitzel, je 150 g	1/8 l Weißwein
Salz	1/8 l Brühe
frisch gemahlener Pfeffer	1 EL Tomatenmark
100 g Sellerieknolle	1 TL Senf oder Kapern
1 Möhre, 1 Zwiebel	1 EL gehackte Petersilie
1 Knoblauchzehe, 200 g Champignons oder andere Pilze	

Pro Portion ca. 450 kcal / 1900 kJ

1 Das Fleisch waschen und mit Küchenpapier trockentupfen. Leicht mit Salz und Pfeffer einreiben, abdecken und beiseite stellen.

2 Das Gemüse waschen, putzen und raspeln. Zwiebel und Knoblauchzehe abziehen und fein hacken. Die Pilze waschen, putzen und ganz lassen. Sollten Sie andere Pilze verwenden, diese in Scheiben schneiden.

3 In einem mittleren Topf die Zwiebel, den Knoblauch, die Pilze und das Gemüse in der Hälfte der Butter 10 Minuten dünsten. Inzwischen in einer Pfanne die andere Hälfte der Butter erhitzen und die Schnitzel darin 10 Minuten sehr sanft braten. Anschließend herausnehmen und kurz warm stellen.

4 Den Bratenfond mit Wein und Brühe ablöschen, Tomatenmark zugeben, salzen und pfeffern. Gut umrühren und den Senf (oder die Kapern) zufügen. Das Gemüse einrühren, die Schnitzel noch einige Minuten in der Sauce ziehen, aber nicht kochen lassen.

Keramikpfan

5 Die Schnitzel mit der Sauce auf einer angewärmten Platte anrichten, obenauf die Champignons dekorieren und mit Petersilie überstreuen. Den restlichen Käse getrennt dazu reichen.

Schnitzelbeilagen

Rösti

2 Portionen
600 g mehlige Kartoffeln
Salz
40 g Butterschmalz

Pro Portion ca. 430 kcal / 1816 kJ

1 Kartoffeln gründlich waschen und die Hälfte davon in der Schale in Salzwasser etwa 20 Minuten kochen. Sie sollen knapp gar sein. Abschütten, kurz mit kaltem Wasser abschrecken und abkühlen lassen.

2 Inzwischen die rohen Kartoffeln schälen und raspeln. Gekochte Kartoffeln ebenfalls schälen, grob raspeln. Mit den gekochten Kartoffeln mischen und schwach salzen.

3 In einer schweren Eisenpfanne oder einer beschichteten Pfanne die Hälfte des Butterschmalzes erhitzen. Die Kartoffelraspel hineinheben, flach drücken und kurz anbraten. Die Pfanne zudecken und die Rösti bei kleiner Flamme etwa 10 Minuten weiter bräunen.

4 Rösti auf einen großen Teller stürzen, restliches Schmalz zerlassen und die Rösti mit der angebratenen Seite nach oben wieder in die Pfanne gleiten lassen. Die zweite Seite ebenfalls goldbraun braten.

Keramikpfanne!

Zum Servieren in 2 Portionen aufteilen. Wer die Rösti deftiger will, kann eine kleingehackte Zwiebel vor dem Braten unter die Kartoffelraspel geben.

Passt als Beilage zu allen Schnitzel-Variationen.

Westfälische Bratkartoffeln

4 Portionen

1 kg fest kochende Kartoffeln
100 g geräucherter Schweinebauch am Stück
2 EL Butterschmalz
Salz
1 Bund glatte Petersilie
frisch gemahlener schwarzer Pfeffer
1 TL Paprikapulver

Pro Portion ca. 350 kcal / 1470 kJ

1 Die Kartoffeln schälen, waschen und in gleichmäßige kleine Würfel schneiden. Den Schweinebauch fein würfeln.

2 In einer großen Eisenpfanne das Butterschmalz stark erhitzen und den Speck darin auslassen. Die Kartoffelwürfel zugeben und bei mittlerer Hitze auf einer Seite gut 5 Minuten braten, leicht salzen.

3 In der Zwischenzeit die Petersilie waschen, trockenschütteln, die Blätter von den Stängeln zupfen und hacken.

4 Die Kartoffeln wenden und sobald sie auf allen Seiten braun sind, mit Salz, Pfeffer und Paprikapulver würzen. Insgesamt etwa 15 Minuten braten. Zuletzt mit gehackter Petersilie bestreuen.

Variation
Nach dem ersten Wenden der Kartoffeln 1 gehackte Zwiebel zugeben und/oder zuletzt mit einer gepressten Knoblauchzehe und 1/2 Teelöffel Kümmel würzen.

Passt als Beilage zu allen Schnitzel-Variationen.

Kartoffelpüree

4 Portionen

1 kg mehlig kochende Kartoffeln
Salz
1/4 l Milch
25 g Butter
1 Messerspitze geriebene Muskatnuss

Pro Portion ca. 230 kcal / 970 kJ

1 Die Kartoffeln waschen, schälen, halbieren oder vierteln. In Salzwasser gar kochen.

2 In ein Sieb abgießen und ausdampfen lassen. Dann durch eine Kartoffelpresse drücken oder zerstampfen.

3 Milch und Butter in einem kleinen Topf erhitzen. Unter ständigem Rühren mit dem Schneebesen unter die Kartoffelmasse geben. Das Püree sahnig schlagen und mit Salz und Muskatnuss abschmecken.

Passt als Beilage zu allen Schnitzel-Variationen.

Rosmarinkartoffeln

4 Portionen
1 kg kleine neue Kartoffeln, möglichst gleich groß
250 g Cocktailtomaten
8 Knoblauchzehen
50 ml Olivenöl
80 g Butter
1/2 Zweig frischer Rosmarin
1 gestrichener EL grobes Salz
frisch gemahlener schwarzer Pfeffer

Pro Portion ca. 410 kcal / 1730 kJ

1 Die Kartoffeln waschen, sauber bürsten und abtrocknen. Große Kartoffeln halbieren. Die Tomaten waschen und ebenfalls trocknen. Die Knoblauchzehen abziehen.

2 In einer Pfanne das Olivenöl und 50 g Butter erhitzen. Die Kartoffeln einlegen, zudecken und bei mittlerer Hitze 10 Minuten braten. Die Pfanne ab und zu rütteln.

3 Nach 10 Minuten die restliche Butter in die Pfanne geben. Cocktailtomaten und Knoblauchzehen mit den Kartoffeln mischen.

4 Die Rosmarinnadeln vom Zweig streifen und in die Pfanne geben, nur sehr lange Nadeln grob hacken. Salz und Pfeffer einstreuen, alles gut mischen und in der geschlossenen Pfanne weitere 5 Minuten braten. Dann den Deckel abnehmen und die Rosmarinkartoffeln weiterbraten, bis sie gar und goldbraun sind.

Passt als Beilage zu allen Schnitzel-Variationen.

Wurzelgemüse in Petersilienbutter

4 Portionen
500 g Möhren
500 g dicke Petersilienwurzeln
4 EL Butter
2 TL flüssiger Honig
200 ml Kalbsfond
Salz
frisch gemahlener schwarzer Pfeffer
2 Bund glatte Petersilie

Pro Portion ca. 180 kcal / 730 kJ

1 Möhren und Petersilienwurzeln putzen, schälen, waschen und in gleichmäßige Scheiben schneiden.

2 3 Esslöffel Butter in einem Topf aufschäumen, Honig und dann das Wurzelgemüse einrühren und anschwitzen.

3 Mit dem Kalbsfond ablöschen und zugedeckt 10 Minuten dünsten. Mit Salz und Pfeffer abschmecken.

4 Die Petersilie waschen, trockentupfen, die Blätter fein hacken und unter das Gemüse mischen.

5 Die Flüssigkeit im offenen Topf noch etwas einkochen lassen und vor dem Servieren die restliche Butter in Flöckchen unterziehen.

Passt als Beilage zu allen Schnitzel-Variationen.

Rotkohlgemüse

4 Portionen	1 Apfel (Boskop o. Ä.)
1 kg Rotkohl (Blaukraut)	1 EL Butterschmalz
Salz	1 EL Zucker
100 ml milder Rotweinessig	300 ml Rotwein
1 Zwiebel	2 EL rotes Johannisbeergelee
4 Nelken	frisch gemahlener schwarzer Pfeffer
1 Lorbeerblatt	

Pro Portion ca. 140 kcal / 610 kJ

1 Die äußeren Blätter entfernen, den Kohlkopf vierteln und in feine Streifen hobeln, den Strunk wegwerfen.

2 Kohl in eine Schüssel geben, mit Salz bestreuen und den Essig darüber gießen. Gut vermischen und mindestens 1 Stunde durchziehen lassen. Die Zwiebel abziehen, kreuzweise einschneiden und mit Nelken und Lorbeerblatt spicken.

3 Den Apfel schälen, vierteln und das Kernhaus entfernen. In einem ausreichend großen Topf das Butterschmalz erhitzen. Den Kohl samt der Flüssigkeit, gespickter Zwiebel, Apfelstücken, Zucker, Rotwein und Johannisbeergelee in den Topf geben. Alles gut mischen und zugedeckt bei mittlerer Hitze ca. 40 Minuten garen, dabei gelegentlich umrühren.

4 Vor dem Servieren die gespickte Zwiebel entfernen und den Kohl mit Salz und Pfeffer abschmecken.

Passt als Beilage zu allen Schnitzel-Variationen.

Spargel klassisch

4 Portionen	4 EL Butter
	3 EL Semmelbrösel
2 kg weißer Spargel	
1,2 kg neue Kartoffeln	250 g gekochter Schinken
Salz	200 g milder roher Schinken
Zucker	

Pro Portion ca. 530 kcal / 2210 kJ

1 Den Spargel waschen, schälen und die Enden abschneiden. Die Kartoffeln waschen und in Salzwasser als Pellkartoffeln in etwa 20 Minuten gar kochen. Abgießen, abdämpfen und pellen.

2 Den Spargel in siedendem Salzwasser mit 1 Prise Zucker und einem Stückchen Butter gar ziehen lassen. Nach 18 Minuten die 1. Garprobe machen. Nicht länger als gut 20 Minuten kochen lassen. Den gegarten Spargel aus dem Wasser heben und in eine Serviette einschlagen. So läuft die Flüssigkeit gut ab und er bleibt warm.

3 Die restliche Butter in einem Pfännchen schmelzen und die Semmelbrösel darin hellbraun braten. Die gepellten Kartoffeln kurz vor dem Servieren in der Böselbutter wenden und noch einmal erhitzen.

Dazu am besten unpanierte Kalbs- oder Schweineschnitzel und Sauce Hollandaise reichen.

Der Spargelgeschmack wird intensiver, wenn die gewaschenen Spargelschalen im Sud mitgekocht werden. In diesem Fall die Stangen bündeln. Den Sud für eine Gemüsesuppe verwenden.

Passt als Beilage zu allen Schnitzel-Variationen.

GRÄFRATHS VIELFÄLTIGER GAUMENSCHMAUS

Im **Hotel Gräfrather Hof** – in einer der schönsten Regionen im Bergischen Land gelegen – finden Sie die Freiheit und den Rahmen, schöne Dinge zu erfahren. Wir machen Sie bekannt mit einer Welt sinnlichen Erlebens, privatem Charme, exzellentem Service und einer ausgezeichneten Küche. Genießen Sie einen komfortablen Aufenthalt rund um den 700-jährigen Gräfrather Marktplatz und lassen Sie sich kulinarisch verwöhnen.
Jeder Gast ist bei uns ein besonderer Gast und verdient den besten Service!

FLORIAN

Das Restaurant FLORIAN ist ein Ort für alle, die Wert auf eine außergewöhnliche, **internationale Küche,** exklusive Getränke und eine besondere Atmosphäre legen. Genießen Sie ab dem ersten Moment vollkommene Gastlichkeit und lassen Sie sich von unseren Köchen in die Welt der Haut Cuisine entführen.

Osteria da Felice

Mit Herz und Leidenschaft bereiten Felice und sein Team pfiffige und variantenreiche **italienische Köstlichkeiten.** Direkt vis á vis unseres Hotels.

Brauhaus Gräfrather Klosterbräu

Zwei Gehminuten vom Gräfrather Hof entfernt empfängt Sie stilvoll, uriges Ambiente. Hier lädt **klassische, deutsche Küche** – abgerundet durch erlesene Weine sowie hausgebrautes und prämiertes Bier zum gemütlichen Verweilen ein.

Hotel Gräfrather Hof

In der Freiheit 48, 42653 Solingen-Gräfrath
Tel.: 02 12 258 00 - 0, Fax: 02 12 258 00 - 800
info@hotel-graefratherhof.de

www.hotel-graefratherhof.de

GRÄFRATHER HO
HOTEL • RESTAURANT
★ ★ ★ ★

GRÄFRATHER HOF
HOTEL
HOTEL

Gasthof
Gräfrather Klosterbräu
Schänke

FLORIAN
BISTRO CAFÉ BAR

OSTERIA
da Felice

lecker und einfach

BELLAVISTA

Eine große Auswahl weiterer köstlicher Gerichte zum Nachkochen!

Mit vielen Bildern